시늪

시늪

초판 1쇄 인쇄	2024년 12월 24일
초판 1쇄 발행	2025년 01월 10일
신고번호	제313-2010-376호
등록번호	105-91-58839
지은이	황숙, 전인숙, 박재성
발행처	보민출판사
발행인	김국환
기획	김선희
편집	조예슬
디자인	다인디자인
주소	경기도 파주시 해올로 11, 우미린더퍼스트@ 상가 2동 109호
전화	070-8615-7449
사이트	www.bominbook.com
ISBN	979-11-6957-263-7 03810

- 가격은 뒤표지에 있으며, 파본은 구입하신 서점에서 교환해드립니다.
- 이 책은 저작권법에 의하여 보호를 받는 저작물이므로 무단 전재와 복사를 금합니다.

시늪

황숙
전인숙
박재성
시집

가을로 가는 바쁜 걸음 잠시 멈추고
서늘바람에 옷깃을 여미며 주위를 둘러본다

추천사

　시집 『시 늪』은 세 명의 시인 황숙, 전인숙, 박재성이 서로 다른 목소리로 부르는 서정의 합창이다. 황숙 시인은 자연의 깊고 고요한 속삭임을 전하고, 전인숙 시인은 사람들의 숨결 속에 깃든 이야기를 노래하며, 그리고 시인 박재성은 사랑의 미묘한 결을 감각적으로 풀어낸다. 이들의 시는 각기 다른 주제지만, 그 모두가 늪처럼 깊이 있고 넓게 펼쳐진 감정의 울림을 남기고 있다.

　이 시집을 펼치면, 황숙 시인의 자연은 단순한 배경이 아닌 숨 쉬는 존재로 다가온다. 그의 시구를 따라가다 보면 한 폭의 풍경 속에서 바람 소리와 나뭇잎의 속삭임을 느끼며, 우리가 잠시 잊고 지낸 자연의 섬세한 아름다움 속으로 스며들게 된다. 반면, 전인숙 시인의 시는 사람을 향한 따뜻한 시선으로 가득하다. 그녀의 시는 일상 속에서 빛나는 순간들을 포착하고, 사람들 사이에 흐르는 소소한 정과 아련한 기억들을 부드럽게 엮어내고 있다. 그리고 시인 박재성은 사랑이라는 감정을 섬세한 시어로 탐구한다. 그의 시에서 사랑은 단순히 아름답고 행복한 것이 아닌, 때로는 아프고 복잡하며, 또한 깊이 이해해야 할 감정으로 그려진다. 시인 박재성의 사랑은 인간의 가장 내밀한 부분을 건드리며, 감정의 여러 면을 조용히 마주하게 한다. 그의 시를 따라가다 보면 사랑의 본질에 대해 생각하게 되고, 그 속에 감춰진 다양한 감정의 결들을 음미하게 된다.

　황숙 시인의 '꽃'과 '겨울을 찾아라' 이 두 시를 통해 우리는 자연을 향한 작가의 따뜻한 시선과 계절의 변화 속에 깃든 섬세한 감정을 엿볼 수 있다. '꽃'에서는 도심 속에서 자연의 아름다움과 그 속에 모여든 사람들의 행복을 표현하고 있다. 서울 숲에 만발한 꽃과 푸른 하늘, 그리고 그 안에 어우러진 사람들의 웃음과 이야기 속에서 작가는 자연이 주는 기쁨과 여유를 시적으로 담아낸다. 자연과 사람이 함께 만들어 내는 이 장면은 마치 그림처럼 그려져 있으며, 일상의 순간에 담긴 생명의 아름다움과 그로 인해 생겨나는 '행복'을 독자에게 전달한다. 황숙 시인은 자연 속에서 인간의 감정을 발견하고, 이를 통해 일상의 소소한 행복을 소중히 여기는 마음을 전하고자 한다.

한편 '겨울을 찾아라'는 사라진 겨울을 찾아가는 독특한 시선을 담고 있다. 봄을 준비하며 깨어나는 연초록 새싹 속에서 겨울은 이미 멀리 사라져 버린 듯하다. 그러나 작가는 '때가 아닌 것을'이라는 구절을 통해 아직 이른 계절 변화에 대한 아쉬움을 은유적으로 표현하며, 자연의 흐름과 인간의 감정을 연결하는 서정적 감수성을 보여주고 있다. 이는 자연의 시간과 계절의 흐름에 대한 깊은 이해와 애정을 드러내며, 잠시 지나가는 계절조차 소중히 바라보는 시인의 섬세한 시선을 반영한다. 황숙 시인의 시는 독자들에게 자연의 작은 변화 속에서 느끼는 생명력과, 소박한 순간에 담긴 행복을 일깨워 주며, 바쁜 일상 속에서도 삶의 여유와 깊이를 느끼게 해준다.

사람을 주제로 한 전인숙 시인의 '당신이어서 좋습니다'와 '그대가 내 옆에 있기에'는 오랜 세월 동안 함께 해 온 사랑의 소중함과 깊이를 느끼게 하며, 독자에게 진정한 사랑의 의미를 전하고자 한다. 이 두 시는 단순히 한순간의 사랑이나 설렘에 머무르지 않고 시간이 흘러도 계속해서 변하고 깊어지는 관계의 가치와 아름다움을 강조하고 있다. '당신이어서 좋습니다'를 통해 시인은 독자들에게 오랜 세월을 함께한 사람과의 소박한 일상이 주는 따스함과 안정감을 느끼게 한다. 또한 시간이 흐르면서 사람 사이에 쌓인 신뢰와 애정이 얼마나 소중한 것인지, 그리고 그러한 관계가 우리의 인생을 얼마나 풍성하게 만드는지를 이야기한다. 이 시를 통해 독자는 삶 속에서 함께 성장하고 나이 들어가는 사랑의 아름다움을 발견하게 된다.

한편 '그대가 내 옆에 있기에'에서 시인은 사랑이 시간이 지나며 깊어지고, 오히려 함께 살아가는 동안 상대방에게서 새로운 면을 발견하며 다시 사랑을 고백할 수 있는 것임을 말하고 있다. 시인은 사랑이 시간이 지나도 여전히 성장하고 깊어지는 감정임을 독자에게 전달하며, 우리의 인생을 풍성하게 만들어주는 사랑의 진정한 가치를 전하고 있다.

박재성 시인의 '내 사랑을 어찌해야 하니'와 '비가 오려고 하면'은 둘 다 이별 후 남은 사랑과 그리움의 감정을 담고 있다. 그러나 두 시는 각각 다른 감정을 통해 사랑의 아픔을 표현하며, 독자에게 마음속 깊이 간직한 사랑과 그리움의 무게를 전한다. '내 사랑을 어찌해야 하니'에서 사랑을 잃은 후의 깊은 상처와 그리움이 강하게 묻어나는데, 시인 박재성은 단순한 감정의 나열이 아니라, 시간이 지나도 쉽게 지워지지 않는 사랑의 깊이를 서정적으로 그려내며, 상처와 기다림, 여전히 남아 있는 따뜻한 배려의 마음을 담고 있다. 그의 시를 읽다 보면 독자들은 자신이 겪었던 사랑과 그리움을 떠올리게 되고, 사랑이 우리 마음에 얼마나 큰 자리를 차지하는지 깨닫게 된다. 박재성 시인은 사랑을 통해 성숙해지고, 떠난 이와의 관계 속에서도 여전히 빛나는 감정들을 경험할 수 있는 특별한 여정을 선물한다.

세 명의 시인이 각기 시선과 감성으로 풀어내는 시집 『시 늪』은 감정과 사유의 깊이를 선사하며, 다양한 삶의 조각들을 한데 모아 보여주는 특별한 시선집으로 자연, 사람, 사랑이라는 주제를 통해 우리가 경험하는 삶의 다양한 감정을 깊이 있게 들여다보며, 독자들이 각자의 삶 속에서 공감과 깨달음을 얻을 수 있는 시간을 준다. 이 시집을 통해 독자들은 시인의 눈을 통해 바라본 삶의 다양한 풍경을 감상하고, 우리 삶의 여러 결을 느낄 수 있을 것이다.

2024년 12월
편집위원 **김선희**

목차

추천사 … 4

제1부
·
시인
황숙 詩篇

시인의 말 … 14

미련 … 15
한 평 텃밭 … 16
세월 … 17
감기 … 18
새해맞이 … 19
백미 저수지 … 20
또다시 봄 … 22
꽃 … 23
겨울을 찾아라 … 24
크로커스꽃 … 25
육개장 … 26
가뭄 … 28
능소화 … 29
제부도 … 30
유전 … 32
함께이기에 … 34
가을의 노래 … 35

연화蓮花 … 36
새삼스럽게 … 37
봄을 먹다 … 38
위안 … 39
탓 … 40
오란비 … 41
칵테일 … 42
가을이다 … 44

제2부
·
시인
전인숙 詩篇

시인의 말 … 46

동강의 수채화 … 47
아버지 마음 … 48
노부의 유언 … 49
당신이어서 좋습니다 … 50
나그넷길 … 52
일출 … 53
용돈 … 54
빨래터 … 55
라일락 예찬 … 56
낙화의 웃음 … 58
봄 … 59
식당밥 … 60
울 엄니 … 61
부부 … 62
엄마의 통장 … 64

불효자 … 65

엄마의 손맛 … 66

그대가 내 옆에 있기에 … 67

거지들의 특식 … 68

그리움 … 69

얼굴 보러 왔다 … 70

아줌마의 수다 … 71

부재의 난 … 72

해장국 … 74

낚시 … 76

제3부
·
시인
박재성 詩篇

시인의 말 … 78

당신만의 꽃이고 싶다 … 79

1월 단상 … 80

눈의 추억 … 82

내 사랑을 어찌해야 하니 … 84

사랑하자 … 86

비가 오려고 하면 … 87

별빛 초롱한 밤에 … 88

봄날의 수원 화성에는 … 90

3월 … 92

오월의 아침에 … 93

아버지 고향 가요 … 94

시인의 편지 … 96

어머니의 지팡이 … 98

할머니 … 100
접시꽃 … 102
6월 여름 이야기 … 103
나무가 되어라 … 104
바다에서 … 106
소낙비의 전율 … 108
연꽃으로 … 110
여름 바다 … 111
가을 여행 … 112
그리움의 섬 … 113
눈물 … 114
어쩌면 좋니 … 115

제1부

시인
황숙 詩篇

세상이 극과 극이라 살기 불편하여도
너와 나 우리가 있어 아직은 살만한 세상

시인의 말

가을이 성큼 자리를 잡더니
온 산 단풍 들어 마음을 설레게 한다

마음의 내다지 하나 만들지 않았건만
추울까봐 단단히 여민 옷섶을 뚫고
찬바람이 불어 가슴으로 스며드는 날에는

겨우살이 준비에 바쁜 마음
잠시 내려놓고
차 한 잔 따스하게 내려 마시며
늦가을 풍경을 눈과 마음에 담는다

2024년 12월
시인 **황숙**

미련

음력 시월
찬바람 불어오니
화려하게 빛나던
길가의 은행나무
겨울맞이하듯
가지마다 바람으로 채운다

시선 끝 쪽
얼마 남지 않은 잎에
농익은 열매
오롯이 끌어안고 있는
나무 한 그루

가을에
미련이 남아서일까
아니면
미련한 것일까???

한 평 텃밭

– 연민조시

커다란
플라스틱
물통을 잘라
흙 채워 만든 밭

쌈채소
고추 가지
호박과 오이
들깨도 심었다

봄부터
끼니마다
상추와 나물
풍요로운 식탁

여름에
들어서니
더욱 잦아진
텃밭 향한 걸음

세월
- 민조시

손으로
꼭 잡았다
바라다보니
허무하게 빈손

동아줄
꼭 매었다
들여다보니
덩그러니 매듭만

한계에
부딪혀진
잡을 수 없는
시공간의 흐름

감기

어디 쓸래야
쓸 데도 없는

반의반 쪽도
이롭지 않은

마음 내키지
않은 손님

새해맞이

강동거리며
숨차게 걸어온 바람길
뒤돌아보니
노여움과 슬픔
좌절이 많은
이야기책 한 권

다가오는 해
조심스러운 첫걸음
기쁨 사랑 행복으로
채우기 위해
온 마음으로
두 손 모은다

백미 저수지

연잎차 만들고자
찾아간 당진 합덕
작은 저수지

한가로운 농촌의
그림 같은
풍경이 눈에 들어오고

뜨거운 햇볕 아래
투명한 물 한 방울
고이 간직한
초록으로 빛나는
연잎들의
싱그러움이 가득하다

가까이 다가가니
향기를 품에 안은
꽃이 만발한 듯

사방이 은은하게

연향으로

둘러싸인 백미 저수지

또다시 봄

꽃샘추위
꼬리 감추니
눈 부신 햇살

방 안 가득
따사로움을
창문 열고 반기며
들여놓는다

창밖 들녘엔
연초록 봄을 열기 위한
쉼 없는 명지바람 속삭임
새싹들이 금방 돋아날 듯한 날

올해도 어김없이
내게 온 봄
선바람으로
마중을 나가야겠다

꽃
- 연민조시

그린 듯
푸른 하늘
꽃이 만발한
도심 속 서울 숲

싱그런
풀 내음에
모여든 사람
얼굴에 행복 꽃

웃음꽃
이야기꽃
활짝 피어나
향기로움 가득

우리가
앉아 있는
숲 가장자리
글 꽃도 피었다

겨울을 찾아라

따스한 햇볕 아래
살포시
고개 내민 연초록

겨울잠 들었다
얼핏 잠 깨어나
봄맞이 준비 중

아서라 지금은
때가 아닌 것을

행방이 묘연해진
사라져 버린
겨울은 어디에

크로커스꽃
- 민조시

작년에
꽃을 보고
알뿌리 심은
사무실 앞 화단

햇살에
얼굴 내민
초록 잎 사이
꽃대 올리더니

보랏빛
꽃잎 열어
향기를 뿜는
봄꽃의 첫인사

육개장

한여름 더위가
기승부리는 날
닭 한 마리 솥에서
삶아지고 있었다

닭백숙
인가보다 했더니
닭가슴살 찢어서
고사리 숙주나물
토란대 대파를 넣어
얼큰하게 끓여내 주셨다

홧홧하게 입안을 울리고
땀까지 시원하게 흘렸던
육개장이라 생각했던
어머니가 끓여 주셨던
육계장

때 이른 더위가 시작되니
어머니의 육계장이
더욱 생각나는 날이다

가뭄

마르고 갈라진
저수지 바닥
쟁기질 끝내 놓고
모내지 못한 논
밭의 작물은 비비 틀어지고
겨울부터 이어진
가뭄도 극심한 가뭄이란다

전국적으로
다 그런 것은 아니라면서
왜 미리 대책을 안 세우고
코앞에 다가와서야
우왕좌왕하는지
말로만 선진국

하늘만 바라다보니
자업자득 아닐는지

능소화

기나긴 가뭄에도
아랑곳없이
담장 위로 올라

뜨거운 뙤약볕 아래
차곡차곡 채워진
그리움 모듬어

먼 곳에서도
저만 바라보라며
피어나는 선홍빛 꽃

제부도

하루에 한두 번
열리는 바닷물 길에
섬 아닌
섬인 곳

때로는 바닷물 길
열릴 때까지
갇혀 있을 수밖에
없는 곳

바쁜 일상에
쉼표 같은
휴식을 위해
찾아드는 곳

화성시
서쪽 끝
작지만

작지 않은 섬
제부도

유전

꽃보다
더 꽃 같은
잎을 가진 다육이

화분을 바꿔주려
옮겨 심다
싱그러운 잎 하나
뚝 떨어졌다

아까워 버리지 못해
화분 속 흙에
던져 놓고
잊어버린 어느 날

물을 주다
들여다본 잎끝에
새로운 세상이
열려 있었다

엄마를

똑 닮은

작은 환희의 세상이

함께이기에

가물 땐
저수지 바닥까지
쩍쩍 갈라지고

장마 땐
몇몇 날을
파란 하늘 볼 수 없으니

세상이
극과 극이라
살기 불편하여도

너와 나
우리가 있어
아직은 살만한 세상

가을의 노래

소소소
바람 부니
높아진
청명 하늘

들녘은
금빛 물결
산마다
단풍일세

다시는
오지 않느니
노래하세
가을을

연화 蓮花

이른 새벽 찬 이슬에
말갛게 차려입고

꽃잎 열어 피어날 제
향기 뿜어 알리나니

보고픈 내 임이시여
오소서 내 곁으로

새삼스럽게

사람과의 인연
스쳐 가는 시간

흘러가는 세월
그냥 버려두듯
살아가는 것이
정답일 것 같아

움켜쥔 손가락
펼쳐 놓았는데

새삼스레
마음에 담으려
또 미련을 떤다

마음공부가
덜 되었다

봄을 먹다

달래로
전 부치고
냉이 넣어
된장국 끓여
봄을 먹는 시간

긴 겨울을
지나고 먹는 봄은
설렘과 따사로움이
잘 곁들여져
싱그럽고 상큼하다

봄이
마음에 스며드니
웃음꽃
이야기꽃이 활짝 피어
집 담장을 넘는다

위안

하루하루 불안하고
지쳐가는 힘든 일상

힘없이 내려앉는
어깨를 감싸주며

아무 말 없이
살며시 토닥거리는
포근한 손짓 하나

그리운 순간

탓

비싼 화장품
발랐는데
화장한 얼굴은
주름만 가득하다

고급 옷
입었는데
예전 같지 않은 몸매
태가 안 난다

하룻밤
자고 나니
어제 일도 깜빡깜빡
약속도 잊어버린다

자꾸만
어긋나는 일상에
나이 들었나 보다
탓만 늘어놓고 있다

오란비
– 연민조시

장맛비
온다기에
비설거지 후
이제나저제나

톡 톡 톡
다용도실
통유리 천장
비꽃 떨어지다

툭 툭 툭
투 다다닥
굵은 작달비
쏟아져 내린다

달콤한
커피 한 잔
창가에 앉아
빗소리 삼매경

칵테일

올봄부터
아들이 독한 양주와
라임 레몬과 곁들이 음료
예쁜 술잔을 사다 나르더니
술을 섞어 마신다

양주는 독한지라
쳐다도 안 봤는데
이거저거 넣어서 마시는 거에
관심이 살짝

엄마도 만들어 드릴까
아들 말에
얼른 고개를 끄덕끄덕

달큼하고 순한
예쁜 잔에 담긴
색도 예쁜 칵테일

요즘

칵테일 마시는

재미에

시나브로 빠지고 있다

가을이다

풍요로움과
여유로운 계절에
자발없이 찾아드는
허허로움 때문인가

가을로 가는
바쁜 걸음 잠시 멈추고
서늘바람에
옷깃을 여미며
주위를 둘러본다

우리 만나자

커피 한 잔 앞에 놓고
오고 가는 말 없이
바라만 봐도 좋은
가을이다

제2부

시인
전인숙 詩篇

박꽃같이 환하게 내 곁으로 다가온 당신
그런 당신이 있기에 내일이 행복합니다

시인의 말

어느 한곳에 머물지 말고
바람처럼 물처럼 흐르듯 살다 가자

시도 그렇다

많은 글 밭을 다니며 쓰고 싶은 마음이지만
생각대로 완성이 되질 않아
늘 조바심이 앞선다

이젠 여유롭게 바라보며 느긋하게
마음이 여유가 되고 손이 움직여질 때 쓴다

그래서 글의 목마름에 늘 부족함이 앞서고
마음은 여운 속에 잠겨 사심에 잠긴다

2024년 12월
시인 **전인숙**

동강의 수채화

깊고 넓은
계곡의 물줄기는
웅장한 폭포수가 떨어지는
소리와 같고

밤하늘 검은 도화지엔
별들이 한자리 꿰차고
한 입 베어 문 듯한 반달은
등불 밝히듯 훤하니

인적이 드문
동강의 새벽을 훔친 나는
죄인이 되어 수감자로
낙인되었다

아버지 마음

하늘가 넓고 넓은
그곳!

그립고 보고 싶은 얼굴

덧정 없는 생전 모습
무심의 벽에 가로막혀
기억 속조차도 가물가물

살아생전 나보다 더
보고 싶어 하셨다는 말
전해 듣는 순간!

통곡의 오열 쏟아지고
가슴에 피멍이 들었다

노부의 유언

울지 마라
살 만큼 살다 가니

길가에 뿌려지고
날리는 민들레 홀씨처럼
바람결에 흘러가는 구름처럼
흩날리게 날리어 주거라

눈물이 나거들랑 부러 울지 말고
세찬 바람 부는 날
바람결을 바라보며 울거라
핑계 대기 좋으니

장부의 가슴속에 생겨난 큰 구멍도
세월 속에 묻히고
망각 속에 잊히니
남은 삶은 웃으며 살다 오거라

네 모습에 나를 놓고 갈 테니

당신이어서 좋습니다

거북 등 갈라진 듯
투박한 손등이라도
온기가 돌게
입김으로 호오~~~

살아온 세월보다
살아갈 시간이 짧아
더 애틋한 연민이 싹트고

밤하늘 별똥별
유성으로 떨어지는걸
이야기하며
오붓이 정담을 나누니

눈가에 웃음 입가엔 미소가

박꽃같이 환하게
내 곁으로 다가온 당신

그런 당신이 있기에

내일이 행복합니다

나그넷길

한세상 접었다 펴도
백 년도 못 되건만

피골이 맞닿아
고갯길 넘어가기 힘이
드는구나

구구절절 인생살이
웃으며 살다 가세

나 또한 그리 살다 갈 테니

훠이훠이~~~

일출

넘실거리는 바닷가
수평선 너머에선
산달을 꽉 채운 태양이
검붉은 탯줄을 휘감고

모두의 염원을 담은 두 손엔
정기를 가득 받은 태양이

힘차게 솟아오른 후광엔
넋을 놓아 버리고

높고 높은 곳에 올라도
또다시 내 속에서
짝사랑하는 나에겐

언제나 만삭이자 초산이다

용돈

수많은 용돈 중에
아들 용돈은
빚쟁이 돈처럼

일어나 받고 쓰듯
눈치까지 덤으로 받아
편치가 않으나

딸의 용돈은
기운까지 덤으로 얻어
큰소리치며 쓴다

빨래터

해묵은 것들을
방망이로

투덕투덕

쏙쏙 빼내어
냇물에 흘려보내니

채기가 내려간 듯
시원하게 뻥 뚫린 가슴속엔

사랑 한 조각이 피어나기
시작한다

라일락 예찬

천리를 간다 하는
천리향 향기보다
손색이 없다 하는
수수꽃 향기 속에
봄사랑 묻어오니
내 마음 설레어라

진녹색 치마단 속에
연보랏빛 저고리
한 꺼풀 벗겨 놓으니
하늘하늘 흔들려
지 세상 만났다 하며
오만방자하구나

뉘 마음 잡으려고
저리도 흔드는고
앞서간 내 서방님
돌아보는 고갯짓에

애간장 녹아나니
속 타는 내 마음

낙화의 웃음

기녀도 아닌 것이
눈꼬리 올려놓고

홀리는 네 모습에
넋 놓고
바라보니

바람의 고요한 숨결
소리에도
떨군다

봄

수려한 네 모습이
어여뻐
반했구나

채반에 받쳐둔 듯
알알이
빠져나가

화사한
미소 가득히
품어 안고 오는

너!

식당밥

이모

여기
공깃밥 하나 추가요

식당밥은
왜 이리 먹어도 배가 고픈지?

공깃밥이라 그런가!

울 엄니

저잣거리 귀퉁이
양은 다라 하나
산나물 그득하게 담아놓고
큰 소리로 외친다

더 싸게 줄 테니까
하나만 팔아주쇼

하나만

입에 풀칠도 못하게 생겼다
어찌 이리 사람이 없을꼬

지나가는 사람 많아도
팔아주는 사람이 없으니

울 엄니 눈에는
사람이
사람으로 보이지 않나 보다

부부

인연의 끈 길 따라
발자국
조심스레 옮겨 놓으니
내 반쪽이 그곳에 있구나

두 눈에
사랑 한가득 품고
날 바라보는 그 눈길

연습이 없다고 하는
세상 속에서

질펀한 저잣거리
장단에 맞춰 너울너울
춤추듯이

한바탕 놀다 가는
나그네처럼

우리 또한 저리 살다 가자며
꼭! 잡은 두 손에
힘을 넣는다

엄마의 통장

꿈나무 심어놓고
비바람에 부러질까
먹구름에 가려 따뜻한 햇빛 못 볼까?
노심초사

활짝 웃는 햇살 한 줌에
미소가 지어지고
찡그려 우는 비바람 한 줌엔
그늘이 지어지니

우리 엄마 통장엔
언제쯤이나
가득 차고 넘치는 잔액으로 남겨져

배시시
웃게 될는지

불효자

부모님 머릿결이
파 뿌리 박힌 듯
찬 서리 내려앉고

꼿꼿한 등허리 구부정
뒤따라 달아가는 내 모습이

새털 같던 긴긴 세월 속에
애끓는 숯불처럼
검어지며 눈곱만큼 알아갈 때쯤

요단강 건너갈 세월
짧아져 갈 때가 다가오니
자식 된 도리가 주마등처럼 스치니

썩은 석가래 내려앉듯이
피멍울처럼 응어리지고
무너져 내린다

엄마의 손맛

달그락달그락
조물조물하는 손에서
어릴 적 엄마의 음식이
맛깔스레 탄생한다

추억을 더듬거리며
머리에서 기억을 꺼내고
입으로 느꼈던 그 맛을
흉내를 내보지만

늙어가는 내 입맛은
향수와 추억을 먹으면서도
사랑이 빠져서 그런가?

그 맛이 씁쓸하다

그대가 내 옆에 있기에

어느 날!

문득

당신의 뒷모습에서
또 다른 사랑을 찾았어요

무심한 듯 바라보는 눈길에
나도 모르게
옮겨지는 발걸음
멈출 수가 없네요

아무도 말리는 사람 없기에
용기 내 살며시 다가가
껴안으며 속삭여 봅니다

지금, 이 순간
당신에게 또 다른 사랑
고백해도 되냐고

거지들의 특식

달그락달그락
밥그릇 긁는 소리

윗마을 아랫마을

잔칫집 문턱을 넘어
배 둥둥 두드리며

어느 집 찾아갈까?

수군수군

아! 글쎄

저 아랫마을에 초상이 났단다

경사 났네 경사 났어
어화둥둥 얼씨구

그리움

쓰나미처럼
보고 싶은 마음

한 자락 툭!

짙어진 하루에
봄 언저리는
바쁜 듯이
발바닥 불난 듯 지나가고

문득 허공을 올려다보니
한숨을 깊게 토하듯
체증에 휘감기는데

저 깊은 가슴속에서
해묵은 응어리는
용암처럼 펄펄 끓고 있다

얼굴 보러 왔다

가물가물
기억 속에서
사라지기 시작할 무렵

갑자기 나타난 얼굴!

웬일이니?

"네 얼굴 보러 왔다"

그저 내 사는 게 궁금한 게 아니라
나의 얼굴이 궁금한 것이다

그 얼굴 속에 다 담겨 있기에

아줌마의 수다

산나물 무치듯이
자식 자랑은 부드럽게
조물조물

서방 흉은
빨래터서 방망이로 두드리듯
투덕투덕

걸쭉하고 시원한 입담들

못다 한 이야기는
내일 또 하잔다

부재의 난

다급한 전화 한 통!
여기 응급실입니다

무슨 정신으로 갔을까?

그 넓은 도로가
왜 그리도 좁아 보이는지

응급실 도착하니
여기저기 누워있는
수많은 환자 중에
하얀 붕대 속
내 아들만 보인다

굵은 눈물이 아들 얼굴로 뚝뚝

내려다보는 엄마 모습에
올려다보는 아들 한마디

"엄마 죄송해요
엄마 말 듣지 않아서"

집에서 요리하던 중에
뜨거운 화마가 아들을 덮쳤다

그 뜨겁고 아픈 몸을 갖고서도
엄마 걱정부터 하는
네 모습에

하늘이 무너지고 땅이 꺼졌다

해장국

아이고 원수야!

내가 이놈의 술 때문에
살 수가 없다

인제 그만 살고 헤어지자

술독에 빠져 살든가
나하고 살든가 선택하라고
씨부렁거리며

부엌 구석에
투박하게 자리한 뚝배기에
다듬이로 흠씬 두들겨 팬
북어를 빠뜨린다

진하게 고운 북엇국 한 상
받으며 하는 말!

"내가, 이 맛에 한 잔 하지"

등 돌리고 앉으며 한탄한다

아이고
내 발등 내가 찍었지

낚시

살다 보니 별일이 다 있다

던져 놓은 세월 속에서
기쁨도 던져 놓고
슬픔도 던져 놓았으니

누구든지 낚아 가라고
사정을 해도
네 몫이니

하늘 꽃길 걸어갈 때
부족한 것도
적당히 섞어서 가져가라고 한다

남은 꾼들도
나눔의 넉넉함 배울 수 있도록

제3부

시인
박재성 詩篇

바람에 견디려고 눕는 잡초가 되지 말아라
뿌리 깊이 내리고 바람을 이기려는 나무가 되어라

시인의 말

가을만 되면 뜬금없이 감성적으로 변하는 것은
나뿐만의 감성은 아닐 것 같다
그래서 끄적이다 남들처럼 다듬기를 몇 해런가
한 편 한 편 글을 쓰다 보니
쌓인 편수가 제법 되었는데,
꾀어야 보배라 했던가
몇 편 추슬러 글벗님들과 함께 여는 장,
제발, 불편함이 없기를 바랄 뿐이다

2024년 12월
시인 **박재성**

당신만의 꽃이고 싶다

겨울에도 지지 않는
꽃이고 싶다

내 사랑의 뿌리
당신의 가슴에 내리고

당신이 주는 사랑으로
푸르름과
밝은 미소 머금는
불멸의 꽃이고 싶다

지순한 사랑으로
도도하게 피어있는
당신만의 꽃이고 싶다

1월 단상

살아 보았니
바위틈에
뿌리내리고
영겁으로 가는 분초를

생의 의지로
버텨온 세월에
한 방울의 물을
갈망해 보았니

시시때때로
꺾이는 몸을 틀어
그 끝 푸르름을 지키는
고통을 아니

혹자는
예술이라 하고
사철 푸르른

기상이라 하지만

내게는
살아져 가며
감내하는
궁상일 뿐인 것을

눈의 추억

꿩 한 마리 푸드덕 날아가면
바람 한 점 없는 적막
눈 내리는 소리만
사사 사사

눈 들어 하늘을 봐도
저 앞 숲속을 봐도
발아래를 봐도
눈 눈 눈 눈

문득 나를 깨우는 다정한 목소리
환한 미소
따스한 손길
달콤한 입맞춤

분명 그날도
사사 사사
눈 눈 눈 눈이었는데

소리 내어 네 이름을 부르면
난분분 눈 속으로
내 눈물과 함께 사라지는 네 이름

나도
눈의 추억이 되어
하얀 눈 속에 묻히고 만다

내 사랑을 어찌해야 하니

네 생각으로 눈물 두 말 찍어낸
내 텅 빈 가슴의 허전함을 아니

천형의 아픔인 양 지새운 밤마다
속삭일 사람 없는 외로움을 아니

혹여나 혹여나 창문 밖 바라보며
별빛만 바라보는 그 고독을 아니

네게는 이별의 아픔이 장식 같아
나를 잊었는지 모르지만

내게는 내 목숨만큼이나 소중한
내 진심의 사랑이었는데

쉽게 잊을 수 있는 사랑이었다면
그 사랑 시작도 안 했을 텐데

어찌 잊니
어찌 잊어

네게 진실했던
내 사랑을 어찌해야 하니

사랑하자

꽃보다 아름답게
이슬보다 순수하게
태양보다 뜨겁게
바위보다 오래오래

너보다
내가 더 많이

그렇게
사랑하자
우리

비가 오려고 하면

비가 오려고 하면
비가 오면

골목이 시작되는 곳
가로등 밑으로 간다

네가 오는 길
혹여나
비를 맞으면
감기에 걸릴 것 같아

네가 남겨둔
손잡이만 낡은
오래된 우산을 들고
너를 기다린다

비가 그칠 때까지
눈물이 마를 때까지
만지작만지작

별빛 초롱한 밤에

별빛 하나가
너의 눈빛 되어
창문을 두들기며
잠든 나를 깨운다

창문 열고
너를 바라보면

어느새
나의 입술을 훔치고
내 품으로 뛰어들어
긴 애무를 시작한다

사랑에 굶주린
너의 목소리가
귓가에서 속삭이면
두 팔 벌려 너를 안는다

찬바람에 떨고 있는
너를 안고
따뜻한
이불 속으로 들어간다

간절한 그리움의
몽유夢遊 속으로

봄날의 수원 화성에는

봄볕에 햇살 내려와
화성 망루에 기대어
돌담과 속삭인다
속닥속닥

봄밤에 별빛 내려와
돌부리에 앉아
화성 성문과 속삭인다
속닥속닥

봄바람 내게 다가와
돌담을 오르내리고
성문을 여닫으며 들은
그들의 이야기를 속삭인다
속닥속닥

이백 년 이어온
수많은 이야기를 듣노라면

화성의 봄날은

길어져만 가더라

3월

하

돋아나는 잎새 끝에 앉은
햇살 포근한 날
너의 가슴 같은

불모지에 피어난
한 송이 작은 꽃의 향기
없는 듯 있는
너의 향기 같은

부드러운 살랑바람에 실려
내게 다가오는
너의 손길 같은

3월
겨우내 달래 두었던
내 그리움은 어이하라고
이리 잔망스러운 거니

오월의 아침에

황금빛 아침
봄 햇살 창문 안에 머물고
봄바람 창문을 넘나들고
꽃향기 들어와 향기롭고

멀리
오월의 푸르른 풍경화 속에
시냇물 졸졸졸 굽이 흐르고
그 위로 산새들 날며 노래할 때

옆에
이 아침을 달궈줄
따듯한 커피 한 잔 기다리니

당신의
달콤한 입맞춤만 있으면

나는
아직도 꿈속이라 하겠네

아버지 고향 가요

아버지
큰 손 잡고 새벽녘 걸어가던 고향길
영정 앞세우고 지나갑니다

아버지
자상한 미소가 숨 쉬던 고향 집
감은 두 눈에 담아 가세요

아버지
할아버지 그 할아버지가 계신 곳
햇살 포근한 고향 집을 향하는 곳에
자연으로의 문을 열어두었습니다

아버지 이름 석 자의
묘비석 밑에
아버지 그 밑에
내 가슴의 갈비뼈 하나를 묻습니다

어느 날

날 찾으시어

가슴이 아파지면

아버지 찾아오려고요

시인의 편지

밤을 새우며 쓴
시인의 편지엔
두 글자만 적혀 있습니다

안녕

지고지순한 사랑이 담긴
두 글자에
가슴 울컥했습니다

나도 밤을 새우며
연필을 들고 있다가
두 글자만 적습니다

안녕

보고 싶어서
당신을 기다리며

가슴 태우고 있다고 했습니다

시인은
그날 밤 내게 달려왔습니다

어머니의 지팡이

혹여
아버지가 보고 싶어서
땅바닥만을 보시나요

굽은 허리 펴고
곧게 걷고 싶다고 하시는데
세월은 허락하지 않고
늦었다고만 하니

제가 손잡아
어머니의 허리가 되고
여생의 지팡이가 되어
가시고자 하는 곳
길잡이가 되렵니다

어머니
제 손 잡으세요

가끔 허리 펴시고

제 얼굴 보시며

기억에 담아 주세요

할머니

무조건이었습니다
잘해도
못 해도
안 해도
그 사랑이
무조건 흘러 내려왔습니다

입에 물고 있던 사탕도
마지막 남은 쌈짓돈도
애지중지하시던 금가락지도

내 것이고
나를 위한 것이고
나 때문에 있는 것이었습니다

어느 순간
할머니와 함께 보던 별이 사라지고
할머니를 더 이상 볼 수 없었고

무조건 사랑이 사라졌습니다

할머니라는 단어가
그리움이란 것을 알았습니다
어린 시절 그때에

접시꽃

오르고 또 오르면
다가가려나

하늘 그 끝에
더 큰 행복이 있는 듯

오르는 마디마다
함박미소 한 바구니

여름 햇살 내려와
살며시 간지럼 태우면

까르르 털리는 웃음에
하늘빛은 영글어만 간다

6월 여름 이야기

산꼭대기
바다를 향하려는 순정
차가운 공기에 서렸다가
이슬방울 하나로
옹달샘을 차고 넘어

산허리
시원한 바람 이는
바위 사이를 휘돌아
아침 햇살에 윤슬 일으키며
가는 길 밝혀 흐르다 보면

산 아래
여름이 저만치 찾아와
청량한 물속에 다리 담그고는
산을
오를까 말까 한다

나무가 되어라

바람에 견디려고 눕는
잡초가 되지 말아라

뿌리 깊이 내리고
바람을 이기려는
나무가 되어라

흔들리며 웃다가 사라질
잡초가 되지 말아라

추위마저 이기고
새봄의 환희를 즐기는
나무가 되어라

자세히 보아야 아름다운
잡초꽃이 되지 말아라

멀리서 보아도

네 존재의 우아함을 느끼는
나무가 되어라

잡초가 되고자 하면
잡초가 되고
나무가 되고자 하면
나무가 되는 세상

커다란 나무가 되어
아름다운 숲을 이루는 네가
너는
더욱 자랑스러울 것이다

바다에서

이제 그만
너를 보내련다

밀려오는 파도
밀려가는 파도
그 위의 부유물이
언젠가는 먼바다로 밀려가고
시야에서 사라지듯이

여기
파도에 네 기억을 올려놓는다
그간 숱하게 되뇌었던 추억을
어린 시절의 방황으로 치부하고
실패한 사랑이란 낙인을 찍어서
저 먼바다
깊은 바다에
영원히 염장시키련다

그리고
좀 더 성숙한 사랑의 씨앗을 안고
돌아서련다

소낙비의 전율

초록 잎새들 가쁜 숨을 내쉬고
들꽃들도 고개 숙여 헉헉대는 날

맑았던 하늘에 먹장구름 한 장 달려와
굵은 빗방울 경쾌한 리듬으로
후드득후드득 내리면

초록빛 화색에
알록달록 미소가
비의 축제에 끼어든다

바람 한 줄 지나가면 흔들흔들
혼자는 아쉬워 어깨 두르고 넘실넘실
까르르 웃음소리에
더위가 넋을 잃고 도망가면

한여름 오후의 가슴은
온몸 솟구치는 소낙비의 전율로

초록 신호등 받고
초록의 무한 질주를 시작한다

당신을 향한 내 가슴도

연꽃으로

나는
탁한 물속일지라도
연꽃으로 피어
너와의 연을 기다리련다

오로지
너만을 위한
나의 순수한 마음 담아
활짝 피어나련다

지나는 길
내 향에 취해
나를
가슴에 담아가다오

그런 인연
하나만으로도
내 다음 생은
연꽃으로 피고 질 테니

여름 바다

뜨거운 태양을 삼켰던 바다가
태양을 토해내면
바다는 그 뜨거움을 식히느라
종일 몸살로 출렁인다

태양의 그 붉은빛으로
초록빛 지구를 뜨겁게 달구면
바다는 하얀 구름을
머금었다 뱉었다 하며 식힌다

나도
뜨거워진 가슴을 식히려
네 안에 들어갔다 나왔다 한다

가을 여행

내 삶의 하루를 뚝 떼어내

고운 가을 햇살 베어 물고
선선한 가을바람에 올라타
높고 파란 하늘 가로질러서
새하얀 뭉게구름 밀어주고

강에 내려 윤슬 반짝여 주고
코스모스 가는 허리 흔들고
황금 들녘 지나며 배 불리고
과수원 붉은 결실을 맛보고

붉은 단풍산을 치달아 올라
코발트 빛 바다로 내지르며
하얀 파도에 달아 포효하며

가을
너를 내 삶의 오늘에 끼워서
백일을 즐기리라

그리움의 섬

언제부터인가
나는 고독한 섬이었다

망망대해
배 닿을 부두도 없고
철새마저도 외면한

그저
나를 두드리는
무의미한 파도 소리만
밤과 낮을 구별하지 않는

언제 올지 모르는 너를 위한
조그만 등대 하나만
밤낮없이 반짝이는
작은 섬이었다

눈물

홀로 울 수밖에 없는
그래서 홀로 우는 것이
내 숙명이려나

낮이든
밤이든

네 이름의 초성만으로도
내 눈에는 이슬이 맺히고

네 얼굴이라도 떠오르면
내 눈에는 홍수로 넘친다

네 목소리마저 들리면
나는 잠을 못 이루고
바다를 만든다

네가 없음을 알 때쯤이면
그 바다에서 잠이 든다

어쩌면 좋니

내 가슴에
아름다운 꽃으로 피어
내 심장이 멈출 때까지
향긋한 향기로 머물 줄 알았는데

너의 작은 가시에 찔려서 생긴
작은 구멍으로
바람이 새는 것을 몰랐고

찬바람 눈보라가 세차게 몰아친 날
나의 꽃은 꽁꽁 얼어버렸으니
어쩌면 좋니

내 가슴에서 얼어버린 꽃을
내 가슴마저 얼려버리는 것을
어쩌면 좋니